SOCRATE
ET
SA FEMME

COMÉDIE

PAR

THÉODORE DE BANVILLE

TROISIÈME ÉDITION

PARIS
CALMANN LÉVY, ÉDITEUR
ANCIENNE MAISON MICHEL LÉVY FRÈRES
3, RUE AUBER, 3

1886

Droits de reproduction, de traduction et de représentation réservés.

SOCRATE ET SA FEMME

COMÉDIE EN UN ACTE

Représentée pour la première fois, à Paris, à la Comédie-Française, le mercredi 2 décembre 1885.

CALMANN LÉVY, ÉDITEUR

DU MÊME AUTEUR

Format grand in-18

LE BEAU LÉANDRE, comédie en un acte, en vers.
LE COUSIN DU ROI, comédie en un acte, en vers.
DIANE AU BOIS, comédie en deux actes, en vers.
LE FEUILLETON D'ARISTOPHANE, pièce en un acte, en vers.
LES FOURBERIES DE NÉRINE, comédie en un acte, en vers.
GRINGOIRE, comédie en un acte, en prose.
LA POMME, comédie en un acte, en vers.

BOURLOTON. — Imprimeries réunies, B.

Que de dettes j'ai, non pas à payer, ce qui serait impossible, mais à reconnaître, avec la plus vive gratitude !

A mon cher confrère, M. Jules Claretie, à l'écrivain, au romancier, au journaliste, au critique d'art, à l'auteur dramatique mille fois applaudi qui administre aujourd'hui la Comédie-Française, je dois les plus affectueux remerciements, et je les lui offre ici du fond du cœur. Le jour même de son entrée en fonctions, avant tout autre soin, il m'a écrit de venir lire aux comédiens *Socrate et sa Femme*, voulant tout de suite affirmer sa prédilection pour la Poésie, en accueillant un de ses plus humbles dévots, qui est en même temps un des plus obstinés et des plus fidèles. D'accord avec le Comité de la Comédie, il m'a donné une hospitalité fraternelle, et il a mis à ma disposition son goût exquis, ses conseils, et toutes les ressources qu'offre le premier théâtre du monde.

Que ne dois-je pas à M. Coquelin ! Non seulement il a joué le personnage de Socrate en grand comédien, exprimant la sagesse, l'ironie, la bonté, la superbe éloquence du philosophe, bien mieux que je n'avais su le faire ; mais il a adopté ma comédie, il l'a mise en scène ; il en a insufflé la pensée et l'âme à ses camarades, heureux d'écouter les conseils de sa jeune expérience, et certes, je puis dire que ce petit poème est à lui autant qu'à moi.

Madame Jeanne Samary pleine de verve, d'esprit, d'ingéniosité, de finesse, d'emportement lyrique, est une Xantippe absolument parfaite, et mademoiselle Tholer a la beauté, la grâce ingénue, le charme vainqueur dont j'avais tenté de parer la figure de Myrrhine. L'importance que j'avais dû nécessairement donner aux personnages de Socrate, de Xantippe et de Myrrhine, m'a contraint à me contenter d'esquisser les autres. Les excellents artistes qui ont bien voulu s'en charger, mesdemoiselles Martin et Persoons, MM. Joliet, Gravollet, Falconnier et Hamel, les ont interprétés de façon à en accentuer la vie et le relief.

Le public de la Comédie-Française, si intuitif, si délicatement artiste, a applaudi, dans *Socrate et sa femme*, non seulement les intentions comiques, mais aussi les plus subtiles combinaisons d'harmonie et de rimes, attestant ainsi une fois de plus combien il aime la Poésie au théâtre, pourvu qu'elle soit émue et sincère.

T. B.

A L'AMI DE TOUTE MA VIE

AU CRITIQUE ÉMINENT

A L'ÉRUDIT, AU SAGACE HISTORIEN

AUGUSTE VITU

CETTE COMÉDIE EST FRATERNELLEMENT DÉDIÉE

T. B.

PERSONNAGES

SOCRATE....................	M. COQUELIN.
XANTIPPE....................	Mme JEANNE SAMARY.
MYRRHINE....................	Mlle THOLER.
ANTISTHÈNES.................	M. JOLIET.
PRAXIAS.....................	M. GRAVOLLET
EUPOLIS.....................	M. FALCONNIER.
DRACÈS......................	M. HAMEL.
MÉLITTA.....................	Mlle MARTIN.
BACCHIS.....................	Mlle PERSOONS.

La scène est à Athènes, dans la maison de Socrate, en l'an 429 avant Jésus-Christ.

SOCRATE ET SA FEMME

Le théâtre représente la petite cour intérieure de la maison de Socrate. Devant le mur de droite et celui de gauche, percés chacun d'une porte donnant sur les appartements, règne une rangée de colonnettes en bois, soutenant une corniche avancée. Le mur du fond, épais et percé d'une porte qui s'ouvre sur le vestibule, est surmonté d'une petite terrasse sur laquelle fleurissent des myrtes et des lauriers-roses. A gauche du spectateur, quelques chaises avec leurs coussins; à droite, une table et un lit de repos. Au lever du rideau, Socrate debout et immobile, parle lentement et avec le regard fixe, comme absorbé par une vision intérieure.

SCÈNE PREMIÈRE

SOCRATE, puis XANTIPPE.

SOCRATE.

Le corps, hideux et vil, subit tous les désastres;
Mais l'âme suit le vol redoutable des astres
Et, comme eux, plane aussi dans le ciel radieux;
Comme un monstre effrayant et divin, couvert d'yeux,
Elle vit dans la nuit et dans l'horreur sublime
Du chaos sombre et dans le néant de l'abîme,
Et contre la mort même elle trouve un abri
Dans sa propre vertu.

XANTIPPE, entrant et appelant Socrate d'une voix forte.

Socrate ! mon mari !

Criant plus fort.

Socrate !

A part.

Autant vaudrait appeler une souche !

S'avançant sur le devant de la scène, et parlant au public.

Citoyens, voilà comme il est. Rien ne le touche.
Une fois, on l'a vu demeurer, d'un soleil
Jusqu'à l'autre, à la pierre immobile pareil,
Absorbé dans son rêve, et sans changer de pose
Pour la nuit noire ou pour l'aurore au voile rose.
Moi, dans ces moments-là, j'étouffe. Il y parait.
Ce songeur, ce dormeur éveillé, qui croirait
Que c'est un homme jeune, et que sa femme est jeune ?
Il ne sait même pas s'il s'enivre ou s'il jeûne.
Socrate a quarante ans, à peine. Il est subtil
En effet, j'en conviens ; mais que deviendra-t-il,
Ce fou, dont le regard voltige dans la nue,
Quand il aura neigé sur sa tête chenue ?
Il n'entend rien. Je vais, je viens, je ris, je cours,
Je parle ; il se soucie autant de mes discours
Que du murmure d'une abeille sur l'Hymette.
Mais patience ; puisqu'il veut que je m'y mette,
Je m'en vais lui parler d'une telle façon
Que de ma voix sans doute il entendra le son.

Criant. A Socrate.

Socrate ! Vagabond ! Traître ! Cruel ! Bigame !
Sycophante ! Voleur !

SOCRATE, s'éveillant de son rêve. Très doucement.

Ce n'est rien, c'est ma femme.

XANTIPPE.

Par Hécate! J'en sais de belles!

SOCRATE.

Ah! vraiment?

XANTIPPE.

Alcibiade, pris d'un sage mouvement,
T'offre un présent d'argent et d'or. Tu le renvoies.

SOCRATE.

C'est dans notre vertu qu'il faut trouver des joies.

XANTIPPE.

Charmide envoie ici des esclaves, afin
Qu'ils travaillent pour nous; mais toi, le trait est fin,
Tu les chasses d'ici, car toujours tu me braves.

SOCRATE.

Pas du tout. Qu'avions-nous besoin de ces esclaves?

XANTIPPE.

Le gain de leur labeur eût accru notre bien.

SOCRATE.

Il est riche, celui qui n'a besoin de rien.

XANTIPPE.

Et que mangerons-nous? Du vent? De la fumée?
Toi, l'on te voit, selon ta vie accoutumée,
Enseignant aux passants l'art subtil de savoir
Prouver que, si le noir est blanc, le blanc est noir.
Encor, s'ils te payaient les mots avec largesse,
Et si tu leur vendais trois drachmes la sagesse!

Mais non, tu n'es pas fier, tu professes debout,
Et tu vends ton savoir ce qu'il vaut : rien du tout!
Tu ne veux même pas que l'on t'appelle : Maître.

SOCRATE.

Que celui-là se nomme ainsi, qui le croit être.

XANTIPPE.

Le beau métier! Retourne aux leçons d'où tu viens.
Pérore. Garde un bras en l'air, les citoyens
Qu'on pousse vers le Pnyx avec la corde rouge.
Vas-y donc. J'aime à voir une roche qui bouge.
Va-t'en donc enseigner que, pétri de limon,
L'homme dans son esprit cache un subtil démon
Qui du bien et du mal devine le principe.
Vas-y! Pourquoi n'y vas-tu pas?

SOCRATE, sortant. Avec une extrême douceur.

J'y vais, Xantippe.

SCÈNE II

XANTIPPE.

J'enrage. Le voilà parti, calme, et d'un pas
Toujours égal et sûr. Non, je ne connais pas
De misères qui soient plus tristes que les miennes!

S'adressant au public.

Comprenez-vous cela, femmes athéniennes?
Un mari détaché de tout, que rien ne peut

Irriter, puisque nulle injure ne l'émeut !
Ah ! parmi vous, trainant ma rage inassouvie,
Mes sœurs, il n'en est pas une que je n'envie.
Vos maris sont prudents ; ils vous donnent, dit-on,
Sur le dos et les reins de bons coups de bâton.
Si vous les trompez, ils vous battent. C'est la mode.
Mais, après, quel plaisir quand on se raccommode,
Et comme il semble doux à vos cœurs apaisés,
Lorsque les coups ont plu, qu'il pleuve des baisers !
Mais seule parmi vous, je n'aurai nul salaire,
Hélas ! puisque mon ours n'est jamais en colère.
J'ai beau crier, hurler ; quand j'exhale mon fiel,
Il dit : « Bon. Ce n'est rien, c'est un orage au ciel,
Cela passera. » Mais je n'ai pas l'âme ingrate.
J'en ferai tant, tant, tant, qu'il faudra que Socrate
S'émeuve aussi, dussé-je enfin prendre un tison,
Et mettre un jour le feu, moi-même, à la maison !
Qu'on puisse voir alors, sous le mur qui flamboie,
Rugir mon philosophe, et moi crever de joie !

Apercevant Socrate qui s'avance, entouré d'amis, de femmes et de citoyens.

On vient. C'est lui, traînant à ses talons des tas
De gens, de tous les bourgs et de tous les états.
Troupeau de fous ! Pour mieux leur montrer ma science,
Je les laisse d'abord entrer sans défiance ;
Puis je leur ferai voir ce que les Dieux ont mis
De colère dans ma poitrine !

SCÈNE III

SOCRATE, DRACÈS, ANTISTHÈNES, PRAXIAS, EUPOLIS, MÉLITTA, BACCHIS, Citoyens et Femmes d'Athènes

SOCRATE, *entrant, au milieu d'une foule attentive et respectueuse.*
    Chers amis,
Entrez. C'est bien le moins qu'ici je vous reçoive.
 Montrant la table, où un esclave dispose des amphores et des coupes.
Voici du vin vieux; si quelqu'un a soif, qu'il boive,
Et si quelqu'un de vous a soif de vérité,
Qu'il écoute. Je parle avec sincérité.

     DRACÈS.

Oui, parle-nous, car seul, pendant ces jours funèbres,
Tu tiens le clair flambeau qui luit dans les ténèbres.
Qui t'écoute est savant et marche avec le jour.
Pour moi, Dracès, bien vite oubliant tout, l'amour
Et mon champ caressé par la vague marine,
Je quitte ma maison et ma chère Myrrhine,
Et je te suis.
    SOCRATE, *à Dracès.*

   Vraiment, c'est trop de zèle, ami.

Aux Athéniens.
Cependant, éveillons notre esprit endormi.
A Antisthènes.
Ne demandais-tu pas, tout à l'heure, Antisthènes,
Si nous devons porter, vivants, le deuil d'Athènes?

ANTISTHÈNES.

Que faut-il faire? Par un élan de lion,
En vain nous avons pris Égine et Solion, —

EUPOLIS.

Ravagé l'Argolide, —

DRACÈS.

Et pour la cause sainte
Chassé les ennemis dans les eaux de Zacinthe.

EUPOLIS.

Nous avons eu la guerre hier et nous l'aurons
Demain !

ANTISTHÈNES.

Vainqueurs, portant des lauriers sur nos fronts,
Archidamos nous prit dans ses serres hautaines, —

DRACÈS.

Et nous avons pu voir la peste dans Athènes !

ANTISTHÈNES.

Donc, le temps est venu d'être austères.

EUPOLIS.

Laissons
A d'autres plus heureux les festins, —

DRACÈS.

Les chansons, —

ANTISTHÈNES.

Les joyaux d'or, —

EUPOLIS.

Les arts qui firent notre gloire, —

DRACÈS.

Et l'orgueil de tailler des figures d'ivoire.

ANTISTHÈNES.

Et la Lyre!

SOCRATE, avec ironie.

C'est là votre sagesse!

A Praxias.

Et toi,
Praxias, que dis-tu?

PRAXIAS.

Je dis que notre loi,
C'est d'être des héros ivres de poésie;
Donc, ne renversons pas le vase d'ambroisie
Où s'abreuve le pur génie athénien!
Guerriers, songeons à l'art aussi.

SOCRATE.

Tu parles bien,
Statuaire! car Sparte à la rude mamelle
Rirait de nous, amis, si nous faisions comme elle;
Si vous, Athéniens, l'élégance, l'esprit,
Le bon sens ironique et la grâce qui rit,
Poètes et sculpteurs, maîtres en toutes choses,
Vous dont le chant ailé court dans les lauriers-roses,
Vous lui donniez un jour le plaisir de vous voir
Sous des habits grossiers mangeant le brouet noir!
Quel que soit notre sort, victoires ou défaites,
Imposons-lui nos chants, nos modes et nos fêtes;
Toi, Praxias, tes Dieux à la blancheur de lys,
Et toi, ta comédie au beau rire, Eupolis,
Et vous, votre parure et vos robes, ô femmes!
Car, puisque par ses dons toujours nous triomphâmes,
N'empêchons pas chez nous la Grâce de fleurir.

Rions, et soyons ceux qui veulent bien mourir.
Soyons Athéniens ! Si quelqu'un examine
Les enfants des héros qui firent Salamine,
Qu'il reconnaisse en nous ces hommes surhumains !
Lorsque l'invasion marchait dans nos chemins,
Affreuse, et que les Dieux eux-mêmes étaient tristes,
Qui sut le mieux mourir parmi nous ? Les artistes.
Et plus d'un tomba, jeune et l'œil étincelant,
Dont une Muse avait baisé le front sanglant !
Alors que Xercès, fou de sa gloire emphatique,
Jetait des millions de guerriers sur l'Attique,
Quand l'Asie en fureur inondait tous nos champs,
Le peintre, le sculpteur, le poète aux doux chants,
O Pallas ! ont bien su combattre pour ta ville ;
Et ce fut un soldat fidèle, cet Eschyle
Dont la tombe ne dit qu'un mot, selon ses vœux,
C'est qu'il fut bien connu du Mède aux longs cheveux.
Ah ! quand nous marcherons dans les noires mêlées,
Songeons dans notre esprit aux divins propylées,
Et représentons-nous les temples radieux
Où Phidias, brillant de gloire, a mis les Dieux.
Oui, pour que la victoire, amis, nous soit aisée,
Il faut, cela convient aux enfants de Thésée,
Faire à l'heure présente ainsi qu'auparavant.
Car Sophocle est vivant ! Euripide est vivant !
Et déjà le laurier d'Eschyle orne leurs têtes.
Allons donc au théâtre apprendre des poètes
Comment dans un pays grandi par les revers
Les belles actions renaissent des beaux vers.
Soyons tels que le jour où le trépas rapide
Viendra prendre Alcamène ou le jeune Euripide,
On ait assez parlé de ce grand citoyen
En écrivant de lui : C'est un Athénien.
Les Dieux, dont la colère agite ma parole,
Nous regardent, baignés d'azur, sur l'Acropole :

A l'œuvre donc, vous tous, pinceau, lyre, ciseau,
Et toi qui fais le fil pourpré, savant fuseau !
Semons le blé, faisons grandir la fleur et l'arbre,
Chantons les demi-dieux géants, taillons le marbre,
Et gardons la pensée austère de nos morts,
Car, étant les plus grands, nous serons les plus forts,
Et nous ferons ainsi des conquêtes certaines.

TOUS.

Il a raison. Vive Socrate!

SOCRATE.

Vive Athènes!

Levant sa coupe pleine,

Et maintenant, buvons. Invoquons sans terreur
La clarté du bon sens qui dissipe l'erreur;
Comme Athènè, l'éclair, fond la nue et dissipe
L'obscurité !

PRAXIAS, levant sa coupe.

Buvons !

MÉLITTA, de même.

A Socrate !

Au moment où tous les auditeurs du maître se joignent à Mélitta et l'acclament avec admiration, entre Xantippe, menaçante et furieuse.

SCÈNE IV

SOCRATE, ANTISTHÈNES, PRAXIAS, EUPOLIS, DRACÈS, MÉLITTA, BACCHIS, XANTIPPE, Citoyens et Femmes d'Athènes.

XANTIPPE.

Et Xantippe !
On ne l'invite pas ?

ANTISTHÈNES.

Bonne Xantippe, bois
Avec nous.

XANTIPPE.

Pourquoi pas avec les loups des bois ?
Qu'apportez-vous ici ? Du blé ? Du vin ? De l'huile ?
Non ? Vous n'apportez rien ! Prendre est moins difficile
Hors d'ici, fainéants ! bavards ! Corinthiens !

SOCRATE.

Ma femme !

XANTIPPE.

Hors d'ici !

Jetant à la volée les amphores et les coupes

Tiens, les amphores ! Tiens,
Les coupes !

Renversant la table.

Tiens !

BACCHIS.

Voici que la table est par terre

XANTIPPE.

C'est ma table. Ce n'est pas moi qu'on fera taire.
Courtisanes, et toi, ridicule artisan,
Philosophes, diseurs de rien, allez-vous-en!

MÉLITTA.

Quels cris fougueux!

EUPOLIS.

La Peur voltige sur sa trace.

DRACÈS.

Partons!

PRAXIAS.

Elle a l'aspect riant d'un soldat thracé.

ANTISTHÈNES.

Elle est brave !

BACCHIS.

Elle eut fait merveille à Marathon.

EUPOLIS.

Cependant je comprends le roi Zeus qui, dit-on,
Pendit au haut du ciel environné de brume
Sa brave femme, ayant à ses pieds une enclume!

DRACÈS.

Partons vite!

BACCHIS.

Au revoir, Socrate.

PRAXIAS.

                Que les Dieux
Te gardent !

SOCRATE.

    J'offre ici tout ce que j'ai de mieux,
Amis ! Mon meilleur vin, la vérité suprême,
Je vous les ai donnés de bon cœur, et de même
Pour votre hôtesse, car ici rien n'est changé,
Je ne puis vous offrir que la femme que j'ai !
Elle est très bonne au fond, revenez tout à l'heure
Comme le ciel changeant tour à tour rit et pleure,
Elle va s'adoucir, les orages sont courts,
Et nous pourrons alors reprendre ce discours.
Venez, amis.

XANTIPPE, bousculant et chassant les hôtes de Socrate.

           Allez, ses amis ! Folle engeance,
Hors d'ici ! Troupeau fait de vice et d'indigence,
Qui ne dit jamais « Non » quand ce bavard dit « Si »,
Allez-vous-en ! Partez ! Hors d'ici ! Hors d'ici,
Honnêtes gens !

Tous les auditeurs du philosophe sortent, chassés par Xantippe ; Socrate les guide et les accompagne.

SCÈNE V

XANTIPPE, puis MYRRHINE.

XANTIPPE, consternée.

          J'en ai des pleurs sous la paupière.
Il ne s'est pas du tout fâché. C'est une pierre.

Ah ! j'ai beau faire, et c'est en vain que mon sang bout :
Je ne sais quel effort tenter ; je suis à bout
D'inventions.
Apercevant Myrrhine.

Quelle est cette femme si belle
Qui vient chez nous ?

MYRRHINE.

Salut, Xantippe ! Je m'appelle
Myrrhine, et je veux voir Socrate.

XANTIPPE.

Bien. Tu veux !
Mais moi, je ne veux pas. La belle aux blonds cheveux,
Socrate n'est pas là.
Myrrhine veut parler, Xantippe l'arrête.

C'est bon.

MYRRHINE.

Mais...

XANTIPPE.

Par Aglaure !
C'en est assez. Ta bouche en fleur, tu peux la clore.

MYRRHINE.

Il faut...

XANTIPPE.

Il ne faut rien du tout. Je te connais,
Myrrhine ! ainsi que tes pareilles. Tu venais,
Comme les autres, dis, lui verser le mélange
De miel et de nectar, la trompeuse louange !
Grand merci. Mon mari n'est pas à marier.

MYRRHINE.

Flatter Socrate ! Moi ! je viens l'injurier.

SOCRATE ET SA FEMME

XANTIPPE, tout à coup radoucie.

C'est autre chose.

MYRRHINE.

J'ai la rage en ma poitrine.

XANTIPPE.

Se peut-il ! conte-moi cela, bonne Myrrhine.
L'injurier ! Socrate est là. Tu le verras.

MYRRHINE.

Grâce à lui, mon mari s'est enfui de mes bras.
Oui, mon mari, Dracès d'Anagyre !

XANTIPPE.

Un bel homme,
Je crois ?

MYRRHINE.

Beau, patient, travailleur, bâti comme
Hercule, et qui naguère, avec des soins touchants,
Savait plaire à sa femme et cultiver ses champs.
C'est de philosophie à présent qu'il s'affame.

XANTIPPE.

Il néglige son champ, j'imagine ?

MYRRHINE.

Et sa femme.

XANTIPPE.

Pauvre Myrrhine ! Encor si Dracès était laid !

MYRRHINE.

Un jour, il entendit Socrate qui parlait
D'immortalité, sous les lauriers du Céphise.

Dans la foule mêlé, Dracès eut l'âme prise.

XANTIPPE.

Comme les autres ! Va, nul homme ne vaut rien.

MYRRHINE.

Depuis ce jour, il suit Socrate comme un chien.
Dès le matin, sous les portiques, au Pœcile,
On peut voir à sa suite errer mon imbécile.
Cependant, l'héritage où sa vigne fleurit,
Son verger, son jardin...

XANTIPPE.

Sa femme...

MYRRHINE.

Tout périt.
Oui, Dracès, n'est-ce pas que la chose est indigne ?
M'abandonne.

XANTIPPE.

Et tu veux qu'il retourne à sa vigne !

MYRRHINE.

Mais je verrai Socrate. On dit qu'il est moqueur,
Tant mieux. Je lui dirai ce que j'ai sur le cœur.

XANTIPPE.

Fort bien.

MYRRHINE.

Il entendra mes plaintes.

XANTIPPE.

A merveille,
Ma sœur.

MYRRHINE.

Qu'il n'aille pas faire la sourde oreille !
S'il pense que je vais jeûner pour ses beaux yeux,
Je lui montrerai bien qu'il se trompe.

XANTIPPE.
Tant mieux.

MYRRHINE.
Pour des phrases ! J'ai mieux que cela, je m'en flatte.

XANTIPPE.

Va, tempête, gémis, crie, accable Socrate !
J'y consens, moi qu'il fuit, discourant et rêvant,
Pour dire des mots creux, sous la nue et le vent,
Aux gens de Munychie ou du port de Phalère.
Ne faiblis pas. Lorsqu'il sera bien en colère,
Alors, appelle-moi, ma chère, nous rirons !
Les hommes, crois-le bien, seraient moins fanfarons,
Si le mors leur blessait la bouche et la narine.
Voilà Socrate. Il vient. Du courage, Myrrhine.
Attaque-le sans peur et d'un front aguerri.
Déchire à belles dents ! Mords !

Elle rentre dans la maison.

SCÈNE VI

MYRRHINE, SOCRATE.

MYRRHINE.
Rends-moi mon mari,
Socrate !

SOCRATE.

Qui ? Dracès ?

MYRRHYNE.

Oui.

SOCRATE.

Tu l'auras sans doute
Égaré par hasard, comme on perd sur sa route
Des pièces de monnaie ou des bijoux de prix ?
Dis, c'est bien cela ?

MYRRHINE, avec colère.

Non. C'est toi qui me l'a pris !
C'est toi qu'il suit avec une espérance folle,
Cherchant tes yeux, buvant longuement ta parole,
Écoutant tes discours rusés dont il a faim,
Et te suivant au bord de l'Ilissos, afin
D'apprendre la sagesse. O démence !

SOCRATE.

Myrrhine,
En toi le beau Dracès a la beauté divine,
Les cheveux ruisselants, la lèvre qui fleurit... —

MYRRHINE.

Que va-t-il donc chercher ailleurs !

SOCRATE.

C'est un esprit
Qui, par un entretien sérieux ou futile,
L'enveloppe à son gré d'une flamme subtile ;
C'est la pensée, ainsi qu'un grand aigle irrité
Fuyant vers la justice et vers la vérité.

Si tu veux près de toi le retenir, ô femme !
Que ne lui montres-tu ton esprit et ton âme ?

MYRRHINE, surprise.

Que dis-tu ?

SOCRATE.

Les beaux fruits de pourpre, les raisins
Que le soleil mûrit sur les coteaux voisins,
Les mets bien apprêtés, les figues de l'Attique,
Le vin, qui met en nous la gaité prophétique,
Tous ces trésors si chers à l'homme extasié,
Le laissent froid, sitôt qu'il est rassasié,
Et, nous pouvons le voir chez toute créature,
C'est l'esprit qui demande alors sa nourriture.

MYRRHINE.

Mais...

SOCRATE.

Lorsqu'il te prit, vierge en pleine floraison,
N'est-ce pas que Dracès restait à la maison ?
Du moins on me l'a dit. Faut-il que je le croie ?

MYRRHINE.

Certes, il y restait.

SOCRATE.

Sans tristesse ?

MYRRHINE.

Avec joie.

SOCRATE.

Eh bien ! qu'y faisait-il, Myrrhine ?

MYRRHINE.

Il m'admirait.
« O cheveux plus touffus que l'épaisse forêt,

Ors, pourpres et blancheurs dignes d'une déesse,
S'écriait-il, je veux vous contempler sans cesse,
O beautés où le ciel mit son divin reflet ! »
Socrate, en ce temps-là, c'est ainsi qu'il parlait,
Car mon Dracès alors n'était pas un rebelle.

SOCRATE.

Et que faisais-tu ?

MYRRHINE.

Moi ? Je tâchais d'être belle.

SOCRATE.

Ah !

MYRRHINE.

Pour lui plaire, afin d'obéir à ses vœux,
Longuement je baignais d'essences mes cheveux,
Je me parais de fins tissus qu'un souffle emporte !

SOCRATE.

Bon. Mais lorsque Dracès t'admirait de la sorte,
Après ces longs moments à tes genoux passés,
Que lui disais-tu ?

MYRRHINE, ingénûment.

Rien.

SOCRATE.

Rien ? Ce n'est pas assez.

MYRRHINE.

Plus tard, lorsque Dracès qui me fuit et m'oublie,
Te suivait déjà, plein de sa triste folie,
Souvent il m'a voulu redire tes discours.
Je lui disais : « Ami, les heures et les jours
Sont rapides ; pourquoi tous ces propos frivoles ?

Si tu me trouves belle, à quoi bon des paroles? »
N'avais-je pas raison?

SOCRATE.

Si fait! Peut-être. Mais
On peut s'entendre mal en ne parlant jamais.
O Myrrhine, dans Cypre, île de fleurs vêtue,
On vit un statuaire épris de sa statue;
Mais, par bonheur, Cypris vint à passer par là,
Si bien que Galatée eut une âme et parla.
Sans quoi Pygmalion l'eût bien vite laissée.
Ta robe est de couleurs charmantes nuancée;
Mais on épouserait les roses des jardins,
Si les roses, pour nous oubliant leurs dédains,
Ouvraient pour nous ravir leurs corolles sacrées,
Et nous parlaient, après qu'on les a respirées!
Toi, cependant, qui peux charmer avec la voix,
Ainsi que Philomèle errante au fond des bois,
Tu disais : « A quoi bon? Dracès est un pauvre homme,
Robuste, mais naïf. Pourvu qu'il voie, en somme,
Briller mes yeux de flamme aux étoiles pareils,
Et le soleil jouer dans mes cheveux vermeils,
Il ne faut rien de plus à ce cœur qui s'ignore.. »
Eh bien! il a besoin de quelque chose encore!
Ses yeux, si longtemps clos, sont désireux de voir:
Il cherche enfin quelle est la règle du devoir,
A quoi sert notre mort, à quoi sert notre vie;
Et moi, pour endormir sa soif inassouvie,
Je lui fais voir, assis à l'immortel festin,
L'homme libre, ouvrier de son libre destin!

Avec une douceur persuasive.

Mais pour guider nos pas dans l'obscur labyrinthe,
Qui vaut une Ariane, avec sa douce plainte?

MYRRHINE.

Je te comprends.

SOCRATE.

Dracès apprit de moi comment
Notre âme vers le beau s'élève éperdûment,
Et se rend la vertu docile et familière.
O Myrrhine, à ton tour deviens son écolière !
Si buvant longuement aux flots inépuisés,
Il t'enseigna jadis la douceur des baisers,
Il t'apprendra le noble orgueil, la sainte joie
De saisir, d'embrasser le vrai comme une proie,
Et de sentir en soi le doute évanoui.
Vis avec lui ! Cherche avec lui ! Pense avec lui !
Ayant reçu de moi l'immortelle semence,
Il faut qu'il la transmette, et son labeur commence.
Donc, toi, Myrrhine, sourde à la vaine rumeur,
Sois la terre fertile où passe le semeur
Levant sa large main par le grain débordée,
Et de vous deux naîtra la moisson de l'idée.
O Myrrhine, c'est là le véritable hymen,
Et quand le laboureur s'approche, ouvrant sa main,
Écoute avec fierté grandir son pas sonore.
Ne le rebute pas lorsqu'il vient dès l'aurore,
Et garde que, chargé de ses dons les meilleurs,
Il ne porte la vie et la richesse ailleurs.
Tu le peux ! Ne parer que son corps est barbare ;
Donc, pour que ton mari ne suive que toi, pare
Aussi ton âme, alors il entendra ta voix.

MYRRHINE.

Tu dis vrai ! Tu dis vrai ! Je le sens. Je le vois.
Grâce à toi, je comprends, en devenant meilleure,
Que toute la beauté n'est pas extérieure ;
Et tout ce qu'à ta suite il cherche en son ennui,

Mon Dracès désormais le trouvera chez lui.
Sois béni par les Dieux, dont l'oreille m'écoute,
O maître excellent, toi qui m'as fait voir ma route !

A ce moment on voit Xantippe, qui paraît sur la terrasse.

SCÈNE VII

MYRRHINE, SOCRATE, XANTIPPE d'abord cachée.

XANTIPPE, à part.

Que se disent-ils donc ? Ils parlent bien longtemps !
Écoutons.

MYRRHINE, à Socrate.

Je le sais depuis que je t'entends,
Je puis vaincre, et je n'ai plus rien qui m'embarrasse.

SOCRATE, avec bonté.

Va donc.

Myrrhine va pour sortir ; mais elle revient vers Socrate, par un vif mouvement d'admiration et de reconnaissance.

MYRRHINE.

Bon philosophe, il faut que je t'embrasse !

Elle prend dans ses mains la tête de Socrate, et applique sur son front et sur ses joues de bons gros baisers. Xantippe entre à ce même moment et court vers Myrrhine, en proie à la plus violente fureur.

XANTIPPE.

Bon appétit, Myrrhine !

MYRRHINE, surprise.

Ah ! Xantippe !

XANTIPPE.

                              C'est beau !
Me voilà. Je serai votre porte-flambeau !
Ah ! coquine ! Ah ! menteuse ! Ah ! chienne ! Ah ! scélérate !
Voleuse ! Tu venais injurier Socrate,
Et faire ici du bruit pour ton mari perdu !

MYRRHINE.

Je lui disais...

XANTIPPE.

           Merci, j'ai très bien entendu,
Myrrhine ! Tu t'y prends de la belle manière.
Tu venais réclamer ton mouton à crinière,
Ton cher Dracès ! Ah ! cœurs de femme, êtes-vous laids !
Ton mari ! C'est très bien le mien que tu voulais.
Mais je comprends : il t'en faut deux, peut-être quatre.

Imitant la voix et la démarche de Myrrhine.

Je viens l'injurier !

Reprenant sur son ton naturel.

                   Tu parlais de le battre,
De faire du tumulte et de tout jeter bas.
Ah ! par Hécate ! c'est à beaux bras que tu bats !
Cette façon de battre est aimable et gentille,
Mais tu vas voir comme on s'y prend dans ma famille !

Xantippe veut se précipiter sur Myrrhine ; mais Socrate arrête sa femme, la prend dans ses bras et l'y retient captive.

SOCRATE, *tenant Xantippe.*

Tout beau. Là. Calme-toi, ma femme.

XANTIPPE, *essayant en vain de se dégager.*

                                 Laisse-moi,
Toi, philosophe ! Il a pour elle de l'effroi !
Et, comme c'est toujours la sagesse qu'il cherche,

Il se contenterait très bien de cette perche.
Mais je la veux ! Du moins une fois pourra-t-on
Voir enfin le coussin qui battra le bâton !

MYRRHINE, timidement.

Si j'ai baisé le front de Socrate...

XANTIPPE.

Sa bouche
En convient. L'impudence est chez elle farouche.
Ainsi tu caressais, pareille au flot amer,
Ce front plus dénudé qu'un rocher de la mer !
J'ai très bien vu. Pareille à la nymphe qu'amuse
Un faune, tu baisais cette tête camuse !
Railleur, chauve, égarant au ciel ses yeux errants,
Il est à moi. Cela suffit. Tu me le prends !
Les paroles de miel qui tombent de tes lèvres
N'excitent pas en lui d'assez ardentes fièvres ;
Tu fais en vain sur lui ruisseler tes cheveux,
Cela ne suffit pas; alors, comme tu veux
Que le docile Amour accoure sur vos traces,
Quand ce n'est plus assez des discours, tu l'embrasses !
Tu riais ! Maintenant, belle, tu vas pleurer,
Car je vais te griffer et te défigurer,
Et je veux que ton œil de colombe se ferme !

Xantippe s'échappe, et va se jeter les poings fermés sur Myrrhine.

MYRRHINE, reculant, épouvantée.

Xantippe ! Non ! j'ai peur.

Socrate rattrape Xantippe, et de nouveau la retient dans ses bras.

SOCRATE, à Myrrhine.

Ne crains rien. Je tiens ferme.

XANTIPPE, voulant se dégager.

Socrate, laisse-moi ! quoi ! je ne pourrai pas
La mordre !

SOCRATE, tranquillement.

Non.

XANTIPPE.

Ami, laisse-moi faire un pas !

SOCRATE.

Non certes.

XANTIPPE, regardant Myrrhine avec des yeux ardents.

Qu'à mon tour je l'embrasse ! Ah ! l'indigne,
Voyez-la qui se penche, avec son cou de cygne !
Ce cou charmant, je veux le tordre !

SOCRATE.
Écoute-nous,
Xantippe.

XANTIPPE.

Non, je veux la mettre à deux genoux
Là, devant moi, plonger mes deux mains dans l'or fauve
De cette chevelure, et la rendre plus chauve
Que son amant, le beau Socrate !

Exaspérée et faisant un suprême
effort.

Allons ! pourquoi
Me retenir ? Je veux...

SOCRATE.

Xantippe, calme-toi.

XANTIPPE, que sa rage étouffe.

Je veux... Je veux... le sang inonde ma poitrine...
Et j'étouffe... Je meurs... De l'air !... De l'air !...

Elle tombe sur le lit de repos, pâle et inanimée.

SOCRATE, bouleversé.

Myrrhine,
Elle pâme! De l'eau!

Il s'agenouille aux pieds de Xantippe et tâche de la ranimer.

MYRRHINE, apportant un vase d'eau.

Quand ses yeux s'ouvriront,
Je lui dirai..

SOCRATE.

Mouillons ses tempes et son front.
Vois, la neige envahit son visage immobile.
O Myrrhine, elle meurt.

MYRRHINE.

Pas du tout. Sois tranquille,
Socrate. Je suis femme. Elle vit. Je connais
Cela.

SOCRATE, penché sur Xantippe.

Xantippe, viens. Ouvre tes yeux. Renais!
Vois dans quelle douleur ton silence me jette.
Entends-moi! Parle-moi! Non, sa bouche est muette.
Dieux! Je succombe. Ayez pitié de mes tourments!
Au secours! Dieux!

Pendant que Socrate a prononcé ces derniers vers, sont entrés Antisthènes, Praxias, Eupolis, Dracès, Mélitta, Bacchis et tous les personnages qu'on a vus à la scène quatrième.

SCÈNE VIII

YRRHINE, SOCRATE, XANTIPPE, ANTIS-THÈNES, PRAXIAS, EUPOLIS, DRACÈS, MÉLITTA, BACCHIS, Citoyens et Femmes d'Athènes.

DRACÈS, à Socrate.

Pourquoi de tels gémissements ?

MYRRHINE, mettant un doigt sur les lèvres

Tais-toi, Dracès.

DRACÈS.

Myrrhine ici ! Quelle merveille !

ANTISTHÈNES, à Socrate.

Pourquoi ces pleurs ?

SOCRATE, montrant Xantippe évanouie.

Voyez Xantippe !

PRAXIAS.

Elle sommeille ?

SOCRATE.

Elle meurt.

MÉLITTA, après avoir regardé Xantippe.

Ne crois pas cela.

BACCHIS, de même.

Bénis les Dieux !

Elle vit et respire.

MYRRHINE, à Socrate.

Et tu vas voir ses yeux
S'ouvrir à la clarté du ciel.

MÉLLITA, à Socrate.

Reprends courage,
Maître.

MYRRHINE, aux assistants, sans être entendue de Socrate.

Sa pamoison vient d'un accès de rage.
L'évanouissement est réel ; cependant,
Ne pas s'inquiéter sans mesure est prudent.

SOCRATE.

Secourez-la !

BACCHIS, riant, à Mélitta

Cédons à son désir frivole.

SOCRATE.

Je tremble que son âme errante ne s'envole..

Les femmes entourent Xantippe, mais sans montrer une réelle inquiétude.
Socrate va se joindre à elles, lorsque Eupolis l'arrête et lui barre le
passage.

EUPOLIS, d'un ton railleur.

Et voilà tout ?

DRACÈS.

C'est pour cela que tu gémis ?

PRAXIAS.

Quoi donc ! C'est pour cela qu'il pleure !

ANTISTHÈNES.

O mes amis,
Pour une femme folle, —

DRACÈS.

Acariâtre, —

EUPOLIS.

Injuste, —

ANTISTHÈNES.

Sombre, —

PRAXIAS.

D'un entretien haineux, —

ANTISTHÈNES.

D'un esprit fruste, —

DRACÈS.

Amère, —

EUPOLIS.

Qui le fait ployer comme un roseau, —

PRAXIAS.

Et qui toujours fait rage avec ses cris d'oiseau !

BACCHIS.

Certes, s'il ne te faut qu'une épouse meilleure, —

MÉLITTA.

Et plus douce, —

BACCHIS.

Tu peux la trouver tout à l'heure.

ANTISTHÈNES.

Ne pleure pas, de peur de ressembler aux fous,
Le mal dont tu guéris à propos.

SOCRATE.

                      Taisez-vous !
Xantippe va sortir de ma maison déserte,
Et j'en sens dans mon cœur l'irréparable perte.
Car son utile rage était le fouet têtu
Dont la rude lanière éveillant ma vertu,
Comme l'âne fouaillé par le vieillard Silène,
Tenait ma patience et ma force en haleine.
Si quelqu'un me venait verser, dans ma maison,
La molle flatterie et son subtil poison,
Quand j'avais jusqu'au bout, heureux et fier de vivre,
Savouré ce doux miel trompeur qui nous enivre,
Ma Xantippe farouche, âpre comme la mer,
Me guérissait bien vite avec son fiel amer.
Souvent, amis, loué par tous, on le devine,
J'ai pu me croire issu d'une race divine ;
Mais son souffle railleur, glissant sur mon front nu,
Me disait : « Tu n'es rien que le premier venu ! »
S'endormant et mourant dans un repos vulgaire,
Notre vertu ressemble à ces coursiers de guerre
Qui deviennent oisifs sur le gazon des prés ;
Et lorsque je rêvais, riant aux cieux pourprés,
Oubliant tout, Xantippe accourait dès l'aurore,
Et son cri m'éveillait comme un clairon sonore !

PRAXIAS.

Maître ! viens avec nous.

                ANTISTHÈNES.

                  Libre de tous liens,
Pense !

            EUPOLIS.

    Nous entendrons tes subtils entretiens
Sur les grands Dieux et sur l'éternité des choses,
Près du clair Ilissos, bordé de lauriers-roses.

BACCHIS.

Et peut-être, au soleil qui t'illuminera,
Plus tard, quelque naissant amour devinera
L'énigme de ton cœur, mystérieux Œdipe, —

MÉLITTA.

Et te consolera d'avoir perdu Xantippe.

SOCRATE.

Elle absente, je n'ai plus faim pour d'autres mets.
Sa place reste vide.

Avec une douleur violente et naïve.

Et quelle autre jamais
Excellerait comme elle à prodiguer l'insulte ?
Vivant près de Xantippe au sein du noir tumulte,
Je ne craignais plus rien, ni le peuple mouvant,
Ni le tonnerre, ni la grêle, ni le vent,
Ni le soleil, ni l'âpre hiver et la froidure.
Sans elle, nul espoir que ma sagesse dure,
Car au bruit de sa voix grondant comme un torrent,
Je veillais, je disais à toute heure : « Ignorant,
Pense, étudie, apprends ! Vil esclave, travaille ! »

EUPOLIS.

A ce titre, il n'est pas une autre qui la vaille.

PRAXIAS.

Elle eût épouvanté l'orage, —

ANTISTHÈNES.

Et les typhons.

Xantippe s'éveille sans être vue des assistants, écoute les paroles de son mari, avec étonnement d'abord, puis les boit avidement, et, comme entraînée à mesure qu'il parle, tend les bras vers Socrate. A ce moment, Myrrhine seule est près d'elle.

SOCRATE, suivant sa pensée.

Ainsi, vers la clarté des abîmes profonds
Dans lesquels se répand la vie universelle,
Emportant mon esprit et ma force avec elle,
Xantippe va s'enfuir, et je la pleure. Mais
D'ailleurs pourquoi ne pas le dire? Je l'aimais!

XANTIPPE, à elle-même.

Que dit-il! Cette joie est pour moi la première.
Il m'aime!

MYRRHINE, à Xantippe.

Puisqu'enfin tu revois la lumière,
Vite, appelons le maître. Il faut le consoler.

Appelant Socrate, qui ne l'entend pas.

Socrate!

XANTIPPE, mettant sa main sur la bouche de Myrrhine

Ne dis rien. Non, laisse-le parler.

SOCRATE, avec un sentiment profond.

Je l'aimais, car fidèle épouse d'un pauvre homme,
Elle vivait pour moi, probe, sobre, économe.
Ordonnant la maison, voyant tout par ses yeux,
Elle était ma compagne et me chérissait mieux
Que ceux dont la douceur louangeuse me flatte.
Je l'aimais et je l'aime encore.

XANTIPPE, courant à Socrate.

Cher Socrate!
Quoi! Tu m'aimais!

SOCRATE.

Xantippe! Elle, Dieux immortels!

ANTISTHÈNES.

L'enfer n'a pas voulu la prendre.

XANTIPPE, ravie, à Socrate.

Après de tels
Aveux, comment ne pas renaître ?

SOCRATE.

Elle ! Xantippe !
Vivante !

XANTIPPE.

Et corrigée. Oui, l'erreur se dissipe.
Je n'avais rien de bon, je semais la terreur
Devant moi, je n'étais que rage et que fureur ;
J'étais folle, cruelle, abominable, indigne,
Farouche, noircissant la colombe et le cygne,
Plus méchante, en un mot, que le serpent Python.
Mais tu m'en puniras, ami.

Elle va prendre un bâton et l'apporte à Socrate.

Prends ce bâton.
Il ne faiblira pas, il est gros comme quatre.

SOCRATE.

En effet. Mais pourquoi ce bâton ?

XANTIPPE.

Pour me battre !
Oui, tu me battras.

SOCRATE.

Moi ! Pourquoi ?

XANTIPPE.

Pour châtier
Mes colères, mes cris, mes pleurs, mon cœur altier,

Ma méchanceté rare et mes fureurs ingrates.
Devant tous ces gens-là je veux que tu me battes.
Devant tous. Les petits pour voir tendront leurs cous.
Vite ! Bats-moi. Je veux expirer sous tes coups.
Alors que tu m'aimais, je te battais moi-même :
A présent, c'est mon tour, puisque c'est moi qui t'aime !
Cher mari, tu pleurais, tu pâlissais d'effroi,
Me croyant morte. Allons, pas de pitié. Bats-moi !

SOCRATE.

Non pas.

XANTIPPE.

Mon cher petit Socrate, bats-moi vite !

SOCRATE.

Je ne te battrai pas.

XANTIPPE.

De grâce ! Je t'invite
A me battre.

SOCRATE.

Mais non.

XANTIPPE.

Je t'en supplie.

SOCRATE, paternel.

Allons !

XANTIPPE, lui tendant le bâton.

Tiens, ne me soumets pas à des détours si longs !
Socrate, bats-moi.

SOCRATE.

Pas du tout.

XANTIPPE.

Je t'en conjure !

SOCRATE.

Hé ! Point !

XANTIPPE.

Me refuser serait me faire injure.

SOCRATE.

Mais non.

XANTIPPE, éclatant en pleurs.

Bats-moi !

SOCRATE.

Voilà qu'elle pleure à présent !
Tu veux...

XANTIPPE.

Je veux cent coups.

SOCRATE.

Mais...

XANTIPPE.

Fais-moi ce présent.
Donne-moi cent coups.

SOCRATE.

Non.

XANTIPPE.

Je n'en puis rien rabattre.

SOCRATE.

Voyons, bonne Xantippe, il faut...

XANTIPPE, frappant du pied. Avec colère.

Il faut me battre!

SOCRATE, levant les yeux au ciel.

Apollon! jour, esprit, clarté, protège-nous!
A Xantippe.
Quittons ce vain propos.

XANTIPPE, insistant.

J'embrasse tes genoux.

SOCRATE, doucement persuasif.

Te battre! ce serait folie!

XANTIPPE, s'animant.

O sort morose!
Me va-t-il refuser encor si peu de chose?
Quoi donc! Ayant si bien pleuré sur mon trépas,
Tu me dédaignerais! Tu ne me battrais pas!
Prends garde.

SOCRATE, avec bonhomie.

Que ton cœur pour le bien s'évertue,
C'est admirable; mais vouloir être battue
Devant tous, apporter même un bâton, cela,
Ma femme, c'est tomber de Charybde en Scylla.

XANTIPPE, déjà furieuse.

En Scylla! Donc je suis un monstre. Je dévore
Les nautonniers! Vas-tu m'injurier encore?
Veux-tu me battre, ou non?

Socrate ne répond pas.

Tu ne veux pas?

3

SOCRATE.

Non.

XANTIPPE.

Non ?

Si fait ! Tu me battras, ou j'y perdrai mon nom.

SOCRATE.

Mais non.

XANTIPPE, exaspérée.

Bats-moi.

SOCRATE.

Non, par Hercule secourable !

XANTIPPE.

Tu ne veux pas ?

SOCRATE.

Non.

XANTIPPE.

Non ?

Jetant le bâton et donnant un soufflet à Socrate.

Eh bien ! Tiens !

Xantippe, stupéfaite de sa propre action et comme foudroyée, tombe aux pieds de Socrate.

XANTIPPE, à genoux. Avec confusion.

Misérable !
Voilà que je retombe en mon égarement.
Ta Xantippe n'est rien que démence et tourment.
Hélas ! à quoi, taillée en une telle étoffe,
Peut-elle donc servir ?

SOCRATE, la relevant et la prenant dans ses bras.

A faire un philosophe !

A Dracès.

Et toi, bon Dracès, prends Myrrhine par la main ;
Savourez à longs traits, sans attendre à demain,
Le bonheur que les Dieux offrent avec largesse,
Et vous aurez aussi, par surcroît, la sagesse.

XANTIPPE, dans les bras de Socrate. Au public.

Tout le mal est venu de la femme. Raison
Obscurcie, appétit du lucre, trahison,
Coupes d'or où les vins sont mélangés de lie,
Tout crime, tout mensonge heureux, toute folie
Vient d'elle.

SOCRATE.

      Adorez-la pourtant, puisque les Dieux
L'ont faite.

Après avoir rêvé.

Et c'est encor ce qu'ils ont fait de mieux !

Le rideau tombe.

BOURLOTON. — Imprimeries réunies, B.

www.ingramcontent.com/pod-product-compliance
Lightning Source LLC
Chambersburg PA
CBHW070717050426
42451CB00008B/686